AF231822

RAPPORT

AU MINISTRE DE L'INTÉRIEUR,

PAR

LE COMITÉ GÉNÉRAL DE BIENFAISANCE,

Sur l'Inoculation gratuite de la VACCINE *aux* INDIGENS.

LIBERTÉ.　　　*ÉGALITÉ.*

Paris le 23 Germinal an IX de la République
française, une et indivisible.

LE MINISTRE
DE L'INTÉRIEUR
AU COMITÉ-GÉNÉRAL
DE BIENFAISANCE.

J'AI lu avec beaucoup d'intérêt, Citoyens, le rapport que vous m'avez adressé relativement à la proposition que le cit. Mailhol a faite au Bureau de bienfaisance de la division des Arcis, tendante à inoculer gratuitement la Vaccine aux enfans de familles indigentes. Les dispositions m'en paraissent infiniment louables.

Recevez mes remercîmens du zèle que vous portez à la classe des malheureux confiés à vos soins paternels. Je vous autorise, ainsi que vous le desirez, à transmettre copie de ce rapport aux quarante-huit Bureaux de bienfaisance de Paris.

Je vous salue.

Signé, **CHAPTAL.**

Pour copie conforme :

D E L A P O R T E,

Agent comptable des biens et revenus des indigens.

RAPPORT
AU MINISTRE DE L'INTÉRIEUR,

P A R

LE COMITÉ GÉNÉRAL DE BIENFAISANCE,

Sur l'Inoculation gratuite de la Vaccine aux Indigens.

Imprimé par ordre du Comité.

LE citoyen *Mailhol*, médecin, a proposé au Bureau de Bienfaisance de la division des Arcis, dans sa séance du onze pluviôse dernier, d'inoculer gratuitement la Vaccine aux Indigens de cette division.

Cette proposition, qui tend à garantir de la petite vérole, l'enfance malheureuse, ne pouvait manquer d'exciter un grand intérêt parmi des hommes dominés uniquement par l'amour de la bienfaisance et de l'humanité ; aussi est-elle devenue l'objet d'une délibération particulière, et il a été unanimement arrêté qu'elle serait sur-le-champ transmise au Ministre de l'Intérieur qui, avant de prononcer, a cru devoir inviter le comité général de Bienfaisance à examiner ce qu'il etait convenable de faire sur cette proposition.

3

Si le sort des Indigens eût été toujours confié aux vrais philosophes, aux philantropes, les hommes de toutes les classes auraient participés aux avantages inapréciables de l'inoculation ; mais ce procédé salutaire, long-temps repoussé par les préjugés, le fanatisme et l'attachement aux vieilles habitudes, loin d'avoir été pour les pauvres un préservatif assûré de la petite vérole, a établi à leur préjudice, dans les cantons où il était mis en usage pour les riches, un foyer de contagion sans cesse renaissant, car c'est une vérité incontestable que l'inoculation pratiquée dans les quartiers éloignés du centre d'une Commune, est un moyen d'y propager et entretenir perpétuellement la petite vérole ; maladie qui, en raison de l'état de l'atmosphère, exerce sur les pauvres, auxquels elle est transmise par les riches inoculés, des ravages souvent plus meurtriers que le fer et le feu.

Il semble que toujours c'est pour les Indigens que sont les fléaux, et que les précautions employées pour en garantir l'opulence, ajoutent encore aux malheurs du pauvre ; mais c'est au Comité général qu'il appartient spécialement de chercher à en diminuer le nombre par tous les moyens qui lui sont offerts, ou qu'il provoque auprès de l'autorité.

Une observation a singulièrement affecté les membres du Bureau de Bienfaisance de la division des Arcis : observation dont il est facile de saisir toutes les conséquences. En lisant les bulletins des décès des Indigens de l'arrondissement, pendant le mois de frimaire et de nivôse, ils ont remarqué que sur 14 enfans morts, 12 ont péri de la petite vérole. Il serait superflu d'affliger nos Collègues en leur mettant sous les yeux le tableau des nombreuses victimes que comptent les autres divisions où l'épidémie variolique a regné pendant le cours de ces deux mois. Nous avons à entretenir le Comité d'un objet plus consolant, il s'agit d'un moyen préservatif de la petite vérole, préférable à l'inoculation ordinaire, puisque celle-ci est toujours une maladie que l'on donne quelque bénigne qu'elle soit, tandis que l'insertion de la Vaccine paraît jusqu'à présent n'être accompagnée d'aucun danger, ni suivie d'aucun accident; qu'on peut l'administrer dans toutes les saisons, pour tous les âges et sur tous les sujets; que la mère qui allaite un enfant vacciné n'a pas à redouter de recevoir la mort de son nourrisson; qu'enfin cette méthode ne laisse après elle aucune trace de contagion et d'infirmités.

Si des épreuves heureuses et multipliées faites en Angleterre depuis 4 ans et répétées en France depuis 15 mois par des hommes recommandables dans l'art de guérir, ne suffisent point encore pour inspirer une entière confiance sur l'inocuité du virus vaccin, sur ses effets comme préservatif de la petite vérole, enfin sur les évènemens qui pourraient en être la suite; le Comité pourra, sur cette question d'un intérêt si majeur, se former une opinion en parcourant deux rapports présentés, l'un le 5 pluviôse au Préfet du département de la Seine, par le Comité médical de la Société des souscripteurs pour l'inoculation de la Vaccine, et l'autre le 1.er ventôse au Préfet du département de la Somme, par le jury de santé et le Comité médical de ce département.

Le devoir des officiers de santé consiste à statuer sur

les avantages de cette nouvelle inoculation, et à prescrire, aux individus qui y sont soumis, le régime et les médicamens que la circonstance peut exiger. Mais c'est au Comité général qu'il appartient d'étendre sa sollicitude sur les Indigens de toutes les divisions de cette immense Cité, d'examiner s'il ne doit pas être pris par les Bureaux de Bienfaisance, des mesures générales propres à seconder le zèle courageux des hommes de l'art, qui pour propager les bienfaits de la vaccination, choisissent particulièrement les pauvres. Qu'ils reçoivent ici les témoignages publics de notre sensibilité et de notre reconnaissance : il s'agit dans ce moment d'arracher à la mort une foule de nos concitoyens, de conserver à la France ces enfans, qui un jour par leur travail et leur industrie, feront fleurir nos arts, nos fabriques, notre commerce, et d'assûrer aux parens, confiés aux soins paternels du comité, les soutiens de leur vieillesse en triomphant de leurs préjugés.

Rendre cette pratique universelle, c'est servir non seulement les Indigens, mais toutes les classes de la société ; c'est le seul moyen de repousser loin de nous les foyers d'une maladie qui nous est originairement étrangère, et que nous ne devons qu'à la contagion ; il suffirait d'un individu que l'ignorance, l'insouciance ou la pénurie aurait laissé à la merci de ce fléau, pour le reporter chaque jour sur une foule d'enfans avant qu'ils aient eu recours au préservatif.

Néanmoins le comité pensera sans doute qu'il ne doit solliciter aujourd'hui aucuns moyens coercitifs pour forcer les parens à soumettre leurs enfans à l'opération de la Vaccine quelque salutaire qu'elle soit, il croira même que les Bureaux de Bienfaisance devront continuer les mêmes secours aux indigens qui refuseraient d'adopter ce bienfait pour leurs enfans, et procurer, s'ils le peuvent, à ceux qui sont vaccinés, des alimens sains et en quantité suffisante; qu'ils leur prêteront pour un temps très-court, du linge et des vêtemens s'ils en manquent, et faciliteront à ceux qui sont dans un dénuement absolu, l'entrée dans les maisons qui seront consacrées à propager le bienfait de la Vaccine, le plus utile présent, peut-être, que la médecine ait fait à l'humanité.

Le comité de Salut public, dans le courant de l'an 2 et l'an 3, renvoya à l'examen du conseil de santé des armées, plusieurs motions tendantes à ordonner une inoculation générale dans toute la République, avec l'établissement d'hospices, où tous les pauvres sans distinction seraient tenus d'envoyer leurs enfans pour y être soumis. Le conseil de santé pensa que quoique le Gouvernement ne dut rien négliger pour détruire les préjugés contraires à l'inoculation de la petite vérole, et pour faire jouir de ses avantages les pauvres qui n'avaient jusqu'alors participé qu'à la contagion et aux dangers de cette funeste maladie; la loi qui forcerait les parens à conduire leurs enfans dans les hospices d'inoculation, présentait de graves inconvéniens, et que si on la portait cette loi, elle serait appellée barbare et deviendrait illusoire.

En effet, qui oserait arracher un enfant des bras de sa mère, lorsqu'elle méconnaitrait les avantages de l'inoculation, pour le conduire malgré elle dans un hospice où peut-être la mort l'attendrait? Ce n'était donc que par la confiance et en frappant les yeux de la multitude par un grand nombre d'exemples et de succès, qu'on pouvait espérer de combattre efficacement le préjugé contraire à l'inoculation, c'est ce qui devait s'opérer peu-à-peu et sans secousses. Il se borna donc à proposer :

1.° L'établissement des hospices d'inoculation dans chaque département ;

2.° La publication de la liste des milliers de victimes arrachés à la mort par cette pratique salutaire ;

3.° La rédaction d'une instruction claire et précise, à portée du peuple, et dans laquelle on démontrerait évidemment les avantages résultans de l'inoculation, sa sûreté, sa simplicité lorsqu'elle est réduite à ses vrais principes ;

4.° Enfin une invitation pressante aux paréns pour les engager, au nom de l'humanité, de la patrie et de leur propre intérêt, à soumettre leurs enfans à cette méthode préservative.

Cet avis fut accueilli par le comité de Salut public, et renvoyé à la commission des secours pour aviser aux moyens d'exécution ; mais dans ces temps de calamité les meilleures vues se réduisaient à des propositions et à de stériles vœux.

Nous ne pouvons cependant dissimuler au Comité général que si l'inoculation a fait ses preuves, la Vaccine fait les siennes, mais tout semble prouver jusqu'à présent que celle-ci a sur l'autre le précieux avantage de circonscrire l'éruption au lieu même des piqûres, de n'être pas contagieuse, et de pouvoir par conséquent être appliquée à domicile sans aucun danger. A la vérité ce moyen tout simple qu'il paraît, présente trop de difficultés dans son exécution, à cause de la dissémination des enfans ;

il convient donc de les réunir en certain nombre par arrondissement, pour mettre les officiers de santé à portée de les suivre, de les observer et de tenir un registre de tous les faits qui se présenteraient dans ce moment surtout où on ne saurait trop en recueillir, afin de combattre la force ou la faiblesse des objections que les préjugés, l'intérêt particulier ou l'esprit de système dirigent toujours, même contre les innovations les plus heureuses.

Quoique la Vaccine ne donne qu'une maladie légère, néanmoins elle exige quelques précautions pendant son éruption. Les médécins prescrivent aux innoculés de ne pas s'exposer imprudemment au froid et à l'intempérie de l'air; ils conseillent des alimens doux et d'une facile digestion.

Vous, nos collègues, qui mille fois avez été visiter les pauvres dans leurs réduits obscurs, pour leur porter des soulagemens et des consolations; vous savez qu'il en est dont les enfans manquent absolument de linge, et sont à peine couverts de lambeaux qui ne peuvent les garantir du froid, qui couchent sur quelques brins de paille presque sans couverture, et auxquels les bureaux de Bienfaisance sont dans l'impuissance absolue de procurer des alimens en suffisante quantité, et à peine quelques vêtemens.

La division des Arcis contient, dans son étroit arrondissement, un grand nombre de ces infortunés, on pourrait craindre que les maladies, suites ordinaires de la misère et d'un denuement absolu, ne fussent regardees par les indigens comme des suites de la Vaccine; il serait même possible que le froid, la mauvaise nourriture nuisissent à l'éruption , et occasionnassent quelques accidens. Il faudrait, au moyen d'un secours extraordinaire que les habitans aisés de cette division donneraient, ouvrir quelques azyles aux vaccinés pour le terme très-court que dure l'opération.

La division des Arcis est du nombre de celles qui ont conservé une marmite des pauvres, où se fait le bouillon pour les malades, vieillards et infirmes, elle a en outre une marmite de soupes économiques ; on y distribue 400, quelquefois 440 rations de 25 onces chaque, mais le local ne permet pas d'établir dans la maison occupée par le Bureau de bienfaisance, des lits pour les Vaccinés.

Il existe près de cette division, dans le cloître de S.-Merry, un établissement de charité, dans lequel sont traités, sous la surveillance et aux frais du Bureau de bienfaisance de la Réunion, six femmes malades ; cette maison , dite l'hospice de S.-Merry, est desservie par quatre ci-devant sœurs de la charité; il contenait autrefois douze lits, et il serait facile de placer, dans les pièces non occupées, une douzaine de lits d'enfans, pour chacun desquels il serait à souhaiter que le Gouvernement put faire un fonds spécial afin de distribuer une ration de soupe aux légumes, de donner du linge et des vêtemens aux pauvres de cette division, et de celles des autres arrondissemens.

Le Comité n'apprendra pas sans intérêt que déjà le local qu'occupait la Commission des Contributions dans l'ancien hôpital du S.-Esprit, vient d'être mis, par le Préfet du Département de la Seine, à la disposition du

Comité médical de Vaccine, pour y établir la pratique
et le traitement gratuit de cette nouvelle inoculation ;
les dépenses pour les douze individus que ce Comité
se propose d'y admettre à la fois, doivent être acquit-
tées sur le montant des souscriptions ouvertes en faveur
de cet établissement, et au cas d'insuffisance il y sera
suppléé sur les fonds des Hospices : ce Comité a pris
des arrangemens avec les régisseurs des Hospices d'enfans pour la fourniture du mobilier nécessaire à ce
nouvel établissement.

Cette maison, autrefois l'hôtel du Dauphin de Vienne,
acquis en 1383, par la confrairie du S.-Esprit, pour y
fonder un hospice, logeait, avant la révolution, quatre-
cents orphelins de père et de mère, outre les prêtres,
les maîtres et les institutrices.

Pourquoi faut-il que nous soyons privés du bonheur
d'appeller les indigens de toutes les divisions à jouir
successivement du bienfait de cette mémorable décou-
verte ? Jamais, non jamais les membres du Comité-général
n'ont éprouvé un sentiment plus pénible, que de ne
pouvoir concourir à former un pareil établissement. I's
auraient desiré de lui donner une extension telle qu'il
fut possible d'obtenir à la fois une masse de preuves
en faveur de la Vaccine ; mais la pénurie des fonds
destinés aux secours à domicile, ne permet pas la plus
légère distraction ; c'est donc à regret que le Comité
voit s'échapper une nouvelle occasion de signaler son
zèle pour le soulagement des infortunés.

Cependant, si, comme nous ne saurions en douter,
on admet l'usage des soupes aux légumes comme

devant faire partie du régime nutritif des enfans vaccinés, puisque, d'après leur composition, elles sont regardées comme l'aliment le plus salutaire de l'enfance et le mieux indiqué par la nature pour succéder au régime lacté. Ces soupes pourront être fournies par la marmite des Arcis, en attendant que le comité central des souscripteurs puisse, du consentement de la Commission des hospices, en faire construire une dans les bâtimens du S.-Esprit. Ce Comité a souvent manifesté le désir de former un de ces établissemens dans la division de la Fidélité, et il saisira avec empressement l'occasion de se rendre doublement utile aux pauvres, en leur procurant à un prix modique, des alimens salutaires, et en aidant le Comité médical à multiplier ses expériences, et à propager la Vaccine.

Mais on ne saurait trop le répéter, si les secours extraordinaires dont il s'agit, ne peuvent avoir une influence directe sur le succès de la Vaccine, ils doivent du moins être considérés comme moyen d'encouragement pour rendre favorables, à l'adoption de cette nouvelle méthode, les parents, et les amener insensiblement à consentir que leurs enfans y soient soumis, à le desirer même. Combien de fois la bienfaisance n'a-t'elle pas été forcée d'invoquer des moyens voisins de l'artifice, afin de déterminer l'homme à faire ce qu'on veut qu'il fasse pour l'intérêt de sa propre conservation.

Enfin nous pensons que le Comité, pour répondre à la confiance du Ministre, dont il a reçu souvent des témoignages honorables, doit lui faire connaître le vœu qu'il forme pour que le Gouvernement favorise, par tous les moyens qui sont en son pouvoir, les épreuves de la nouvelle inoculation : le Comité doit en outre l'inviter à écrire à la division des Arcis une lettre de satisfaction pour louer son empressement à accueillir la Vaccination qui, si elle est généralement adoptée, offre la perspective consolante de délivrer l'Europe pour toujours d'un des fléaux les plus destructeurs de l'espèce humaine.

Fait au Comité-général de Bienfaisance, séance du 15 ventôse an 9.

Signé, PARMENTIER, *Commissaire-rapporteur*,

BOURSIER, *président ;*

DECAUX *et* SOUHART, *secrétaires.*

DELAPORTE, Agent comptable.

Pour copie conforme :

SOUHART, *secrétaire.*

De l'Imprimerie de J.-R. LOTTIN, Cour du Palais, n° 28, Division du Pont-Neuf, an IX.